Impressum
Verlag: BABADADA GmbH, Nedderfeld 112 , 22529 Hamburg
Geschäftsführer / Verlagsleitung: Harald Hof
Druck: Books on Demand GmbH, In de Tarpen 42, 22848 Norderstedt

Imprint
Publisher: BABADADA GmbH, Nedderfeld 112 , 22529 Hamburg, Germany
Managing Director / Publishing direction: Harald Hof
Print: Books on Demand GmbH, In de Tarpen 42, 22848 Norderstedt

l'école

mekdep

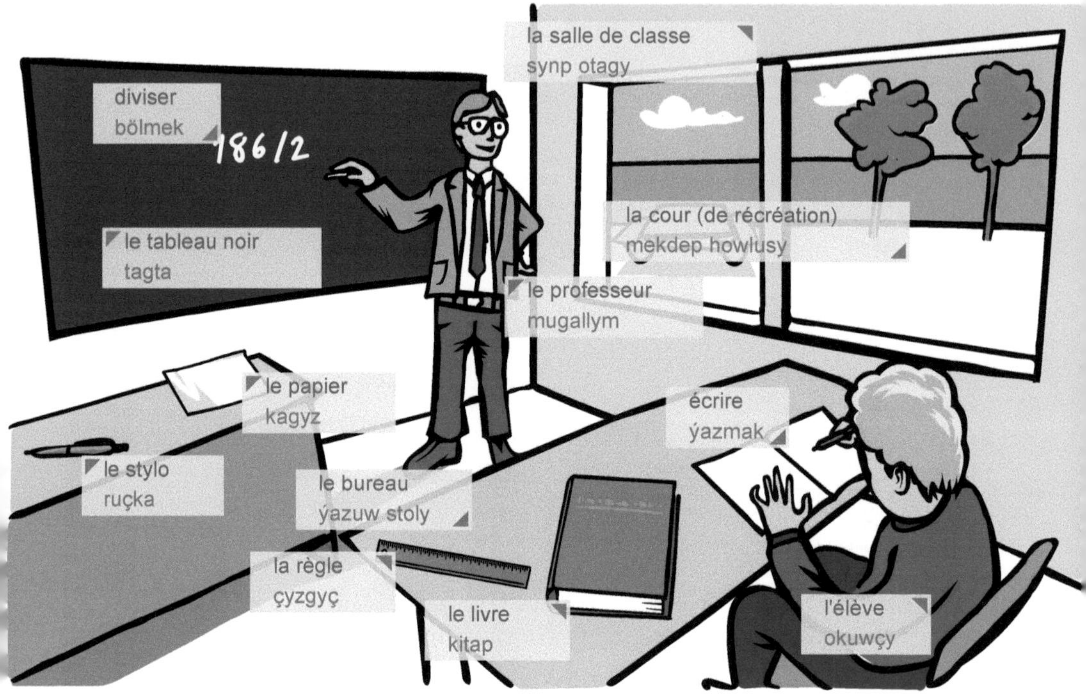
la salle de classe
synp otagy
diviser
bölmek
186/2
le tableau noir
tagta
la cour (de récréation)
mekdep howlusy
le professeur
mugallym
le papier
kagyz
écrire
ýazmak
le stylo
ruçka
le bureau
ýazuw stoly
la règle
çyzgyç
le livre
kitap
l'élève
okuwçy

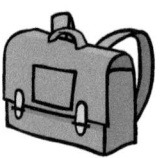

le cartable

ranes

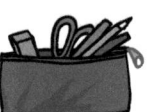

la trousse

penal

le crayon

galam

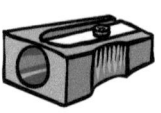

le taille-crayon

galam artylýan

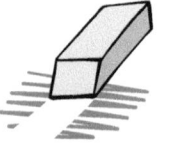

la gomme

bozguç

le carnet à dessin

surat çekmek üçin albom

le dessin

surat

le pinceau

çotgajyk

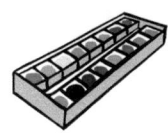

la boîte de peinture

reñkli guty

les ciseaux

gaýçy

la colle

ýelim

le cahier d'exercices

depder

les devoirs

öý işi

le chiffre

san

additionner

goşmak

soustraire

aýyrmak

multiplier

köpeltmek

calculer

hasaplamak

la lettre

harp

l'alphabet

elipbiý

le mot

söz

le texte

tekst

lire

okamak

la craie

hek

la leçon

sapak

le livre de classe

synp dergisi

l'examen

synag

le certificat

diplom

l'uniforme scolaire

mekdep lybasy

la formation

bilim

le lexique

ensiklopediýa

l'université

uniwersitet

le microscope

mikroskop

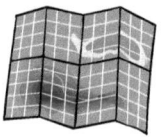

la carte

karta

la corbeille à papier

kagyz üçin sebet

le voyage
syýahat

l'hôtel
myhmanhana
Grand
l'auberge
syýahatçylyk bazasy
le bureau de change
walýuta çalyşmak üçin bent
la valise
çemedan
la voiture
awtomobil

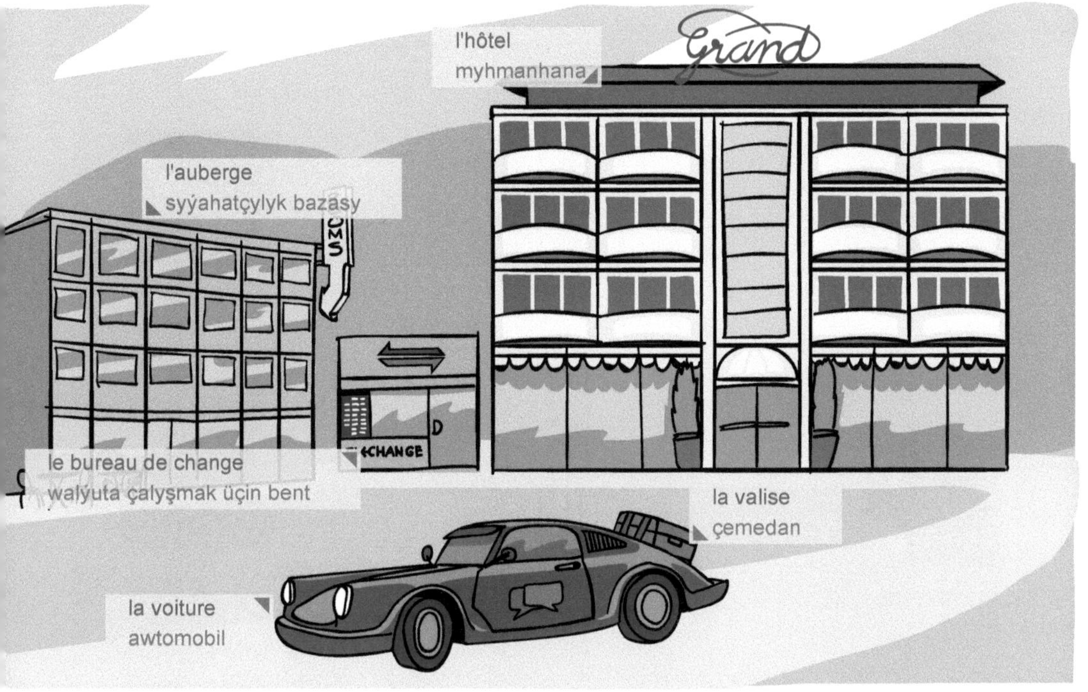

la langue
dil

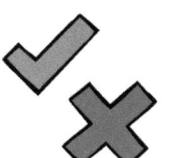

oui / non
hawwa / ýok

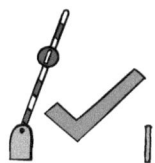

d'accord
bolýa

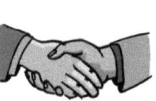

Salut
salam

l'interprète
terjimeçi

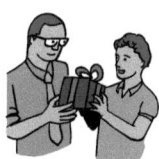

merci
Minnetdar

Combien coûte...?

bahasy näçe?

Je ne comprends pas

men düşünmeýärin

le problème

mesele

Bonsoir !

Agşamyňyz haýyr!

Bonjour !

Ertiriňiz haýyrly!

Bonne nuit !

Gijäňiz rahat bolsun!

Au revoir

görüşýänçäk

la direction

ugur

les bagages

ýük

le sac

torba

le sac-à-dos

eginden asylýan torba

l'hôte

myhman

la pièce

otag

le sac de couchage

halta ýorgan

la tente

çadyr

l'office de tourisme

syýahatçylyk maglumaty

la plage

kenarýaka

la carte de crédit

karz karty

le petit-déjeuner

ertirlik

le déjeuner

günortanlyk

le dîner

agşamlyk

le billet

petek

l'ascenseur

lift

le timbre

poçta markasy

la frontière

çäk

la douane

gümrük

l'ambassade

ilçihana

le visa

wiza

le passeport

pasport

le voyage - syýahat

le transport
ulag

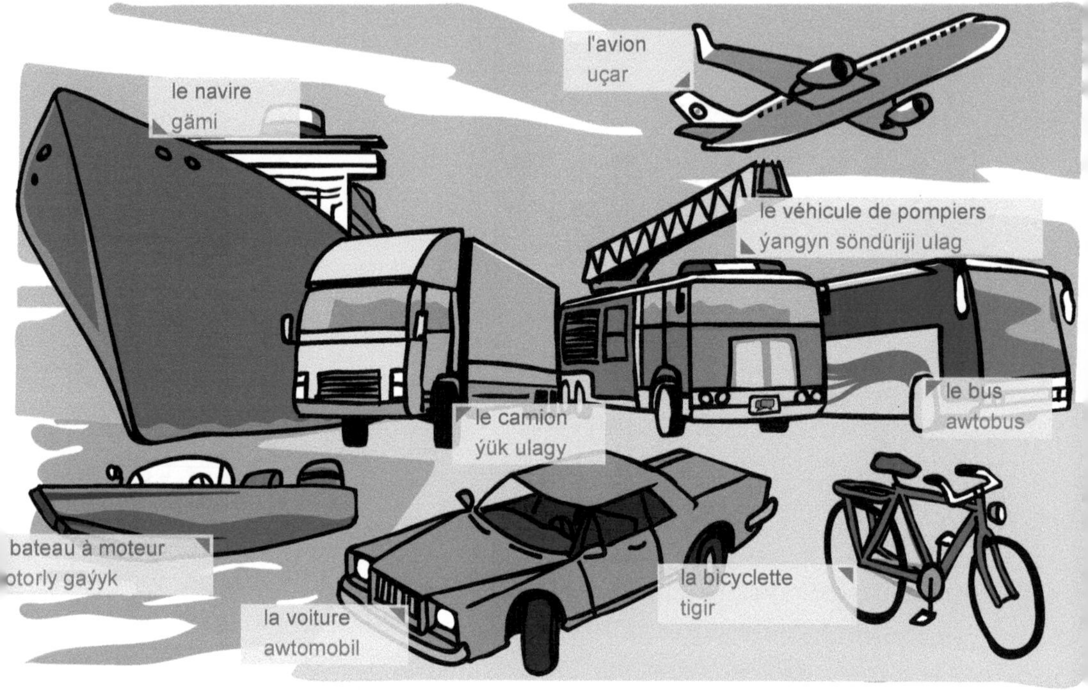

l'avion
uçar
le navire
gämi
le véhicule de pompiers
ýangyn söndüriji ulag
le bus
awtobus
le camion
ýük ulagy
bateau à moteur
otorly gaýyk
la bicyclette
tigir
la voiture
awtomobil

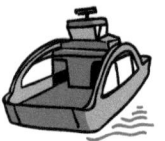

le ferry

parom

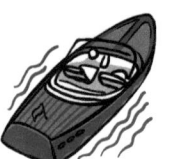

la barque

gaýyk

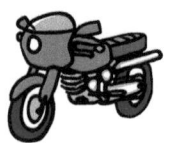

la moto

motosikl

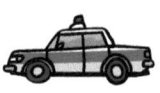

la voiture de police

polisiýa ulagy

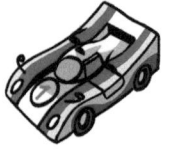

la voiture de course

çapyşyk

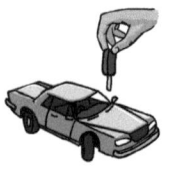

la voiture de location

kärendä alnan ulga

l'auto-partage

ulagy bilelikde ulanmak

la voiture de remorquage

tirkeg ulagy

la benne à ordures

zir-zibil daşaýan ulag

le moteur

hereketlendiriji

l'essence

ýangyç

la station d'essence

guýma

le panneau indicateur

ýol belgisi

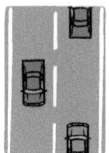

le trafic

hereket

l'embouteillage

dyky

le parking

awtoduralga

la gare

menzil

les rails

seplem

le train

otly

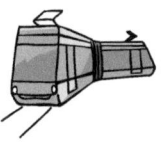

le tramway

tramwaý

le wagon

wagon

le transport - ulag

l'hélicoptère

dik uçar

l'aéroport

howa menzili

la tour

minara

le passager

ýolagçy

le conteneur

konteýner

le carton

guty

le chariot

araba

la corbeille

sebet

décoller / atterrir

uçmak / gonmak

la ville

şäher

le village

oba

le centre-ville

şäher merkezi

la maison

öý

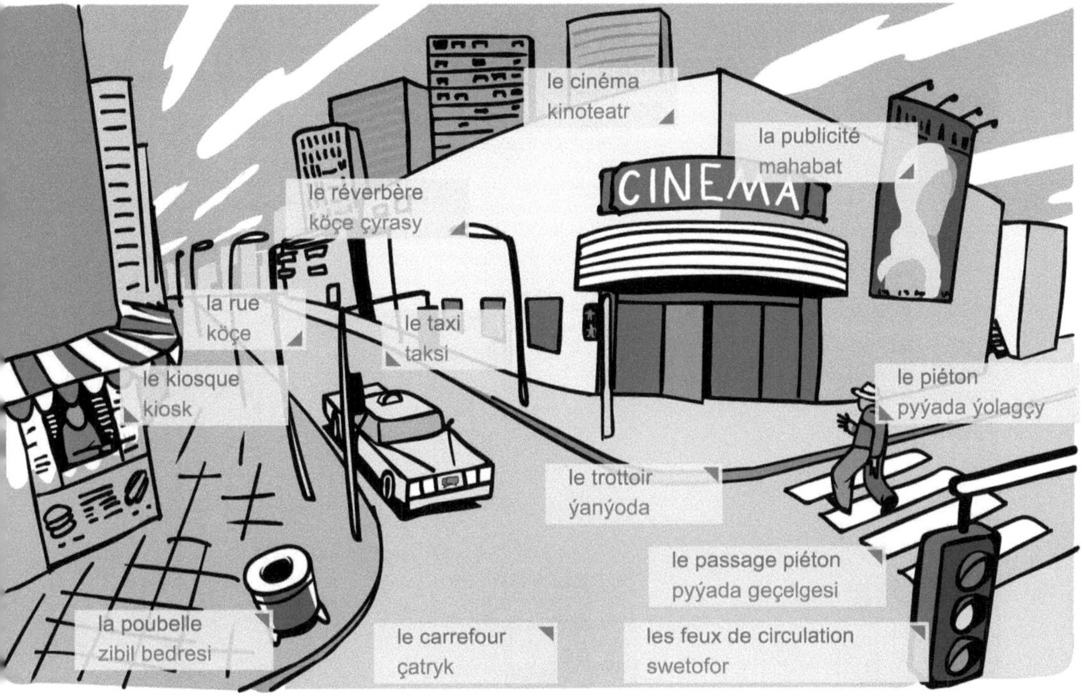

le cinéma
kinoteatr

la publicité
mahabat

le réverbère
köçe çyrasy

la rue
köçe

le taxi
taksi

le kiosque
kiosk

le piéton
pyýada ýolagçy

le trottoir
ýanýoda

le passage piéton
pyýada geçelgesi

la poubelle
zibil bedresi

le carrefour
çatryk

les feux de circulation
swetofor

la cabane

kepbe

l'appartement

öý

la gare

menzil

la mairie

şäher häkimligi

le musée

muzeý

l'école

mekdep

la ville - şäher

l'université

uniwersitet

la banque

bank

l'hôpital

hassahana

l'hôtel

myhmanhana

la pharmacie

dermanhana

le bureau

ofis

la librairie

kitap dükany

le magasin

dükan

le fleuriste

gül dükany

le supermarché

supermarket

le marché

bazar

le grand magasin

uniwermag

la poissonnerie

balyk söwdagäri

le centre commercial

söwda merkezi

le port

port

le parc
park

la banque
oturgyç

le pont
köpri

les escaliers
merdiwan

le métro
metro

le tunnel
ötük

l'arrêt de bus
awtobus

le bar
bar

le restaurant
restoran

la boîte à lettres
poçta gutusy

le panneau indicateur
köçäni adyny görkezýän
ýazgy

le parcmètre
parkometr

le zoo
haýwanat bagy

le réverbère
basseýn

la mosquée
metjit

la ferme
ferma

la pollution
daşky gurşawyň
hapalanmagy

la cimetière
gonamçylyk

l'église
buthana

l'aire de jeux
çaga meýdançasy

le temple
ybadathana

le paysage
landşaft

la feuille
ýaprak

le panneau indicateur
ýol görkeziji

le chemin
ýol

le pré
ýaýla

la pierre
daş

le randonneur
syýahatçy

l'arbre
agaç

la rivière
derýa

l'herbe
ot

la fleur
gül

la vallée
dere

la montagne
dag

le lac
köl

la forêt
tokaý

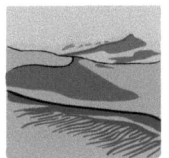

le désert
çöl

le volcan
wulkan

le château
gulp

l'arc-en-ciel
älemgoşar

le champignon
kömelek

le palmier
palma agajy

le moustique
çybyn

la mouche
sinek

les fourmis
garynja

l'abeille
bal arysy

l'araignée
möý

le coléoptère

tomzak

la grenouille

gurbaga

l'écureuil

awusiýdik

le hérisson

kirpi

le lièvre

towşan

la chouette

baýguş

l'oiseau

guş

le cygne

guw

le sanglier

ýekegapan

le cerf

sugun

l'élan

los

le barrage

bent

l'éolienne

şemal generatory

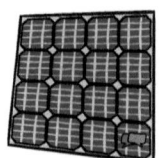

le panneau solaire

gün batareýasy

le climat

howa

le restaurant

restoran

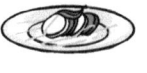

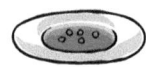

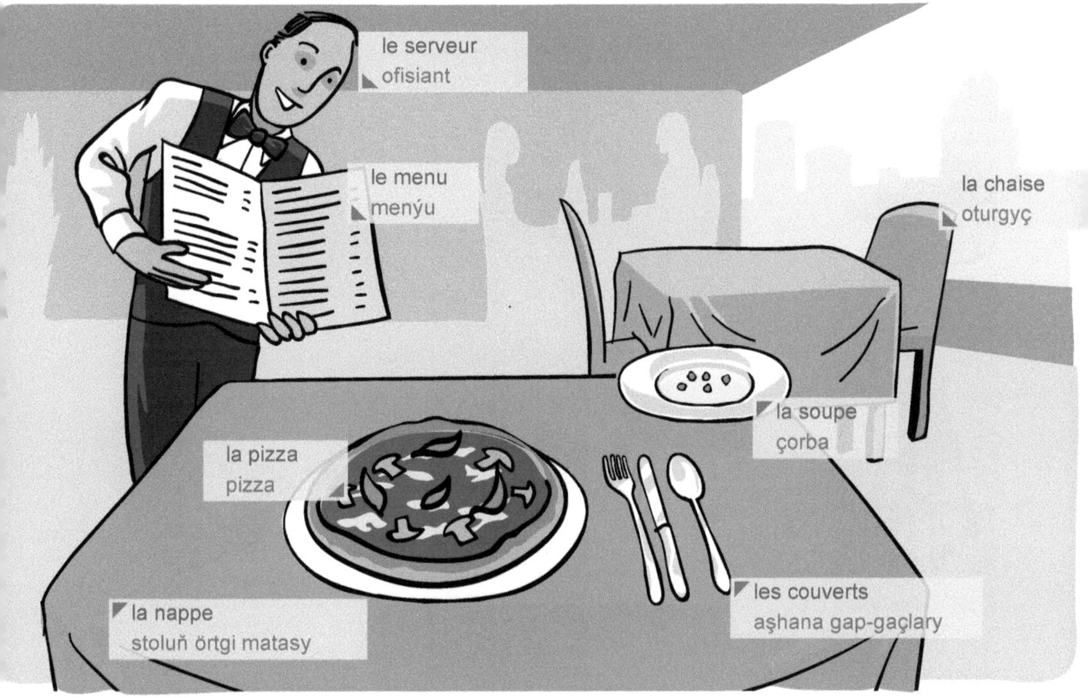

le serveur
ofisiant
le menu
menýu
la chaise
oturgyç
la soupe
çorba
la pizza
pizza
la nappe
stoluň örtgi matasy
les couverts
aşhana gap-gaçlary

les hors d'œuvre

garbanma

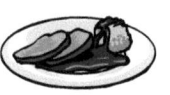

le plat principal

esasy tagam

le dessert

süýjülik

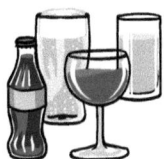

les boissons

içgiler

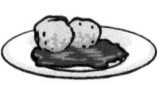

l'alimentation

nahar

la bouteille

süýşe

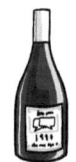

le fast-food

tiz tagam

les plats à emporter

köçe iýmiti

la théière

çäýnek, kitir

le sucrier

şeker gaby

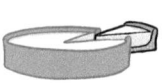

la portion

porsiýa

la machine à expresso

kofe gaýnadyjy

la chaise haute

çaga oturgyjy

la facture

hasap

le plateau

mejme

le couteau

pyçak

la fourchette

çarşak

la cuillère

çemçe

la cuillère à thé

çaý çemçesi

la serviette

salfetka

le verre

bulgur

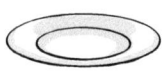

l'assiette

tarelka

l'assiette à soupe

çorba tarelkasy

la soucoupe

tabajyk

la sauce

sous

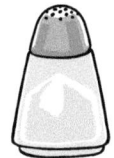

la salière

duz gaby

le moulin à poivre

burçy üweýji

le vinaigre

sirke

l'huile

ýag

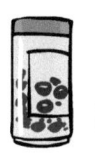

les épices

huruş

le ketchup

ketçup

la moutarde

gorçisa

la mayonnaise

maýonez

le supermarché
supermarket

l'offre promotionnelle
ýörite teklip
le client
alyjy
les produits laitiers
süýt önümleri
les fruits
miweler
le chariot
satyn alnan zatlar üçin araba
FOR

BUTCHERS

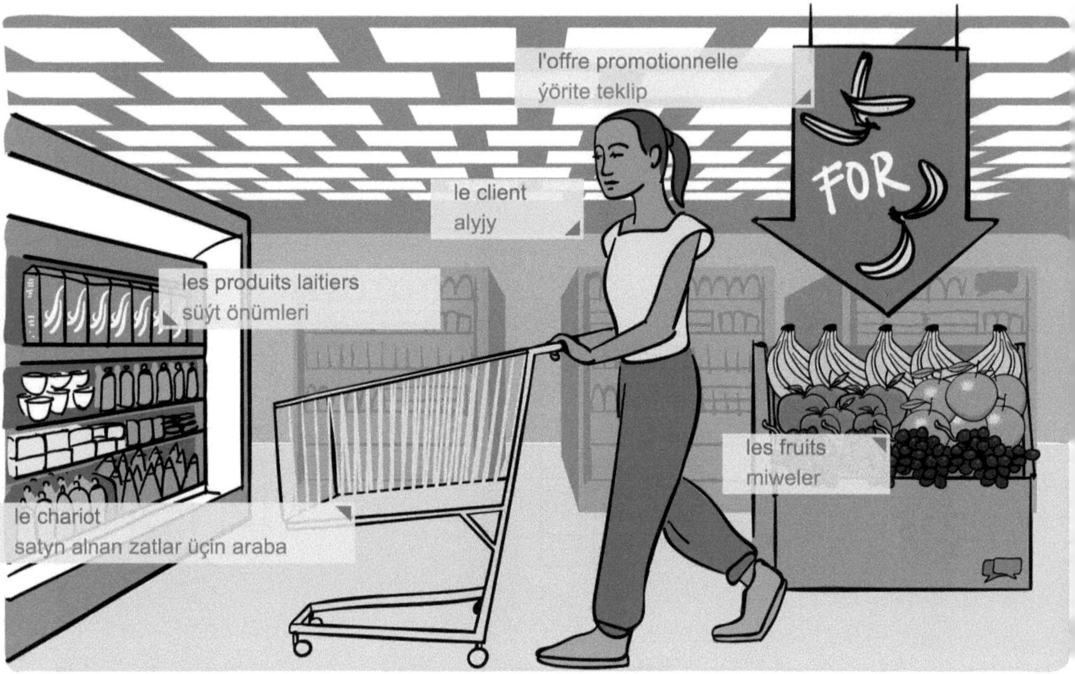

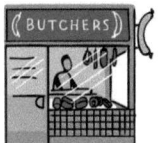

la boucherie

et dükany

BAKERY

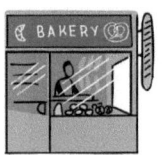

la boulangerie

çörek kärhanasy

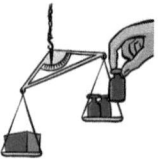

peser

ölçemek

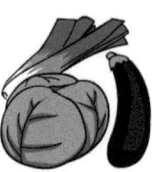

les légumes

gök önümler

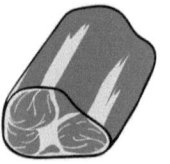

la viande

et

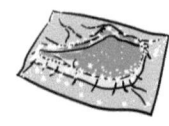

les aliments surgelés

tiz doňýan önümler

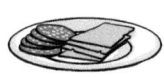

la charcuterie
kesme

les conserves
konserwirlenen önümler

la poudre à lessive
kir ýuwujy toz

les bonbons
süýjülikler

les articles ménagers
öýde ulanylýan zat

les détergents
ýuwujy serişde

la vendeuse
satyjy aýal

la caisse
kassa

le caissier
pulhanaçy

la liste d'achats
satyn alynmaly zatlar

les heures d'ouverture
iş wagty

le portefeuille
gapjyk

la carte de crédit
karz karty

le sac
sumka

le sac en plastique
polietilen paket

l'eau

suw

le jus de fruit

şire

le lait

süýt

le coca

koka-kola

le vin

wino

la bière

piwo

l'alcool

alkogol

le chocolat chaud

kakao

le thé

çaý

le café

kofe

l'expresso

espresso

le cappuccino

kapuçino

la banane

banan

la pomme

alma

l'orange

pyrtykal

le melon

garpyz

le citron.

limon

la carotte

käşir

l'ail

sarymsak

le bambou

bambuk

l'oignon

sogan

le champignon

kömelek

les noisettes

hoz

les pâtes

un aş

les spaghetti

spagetti

le riz

tüwi

la salade

işdäaçar

les pommes frites

gowurylan ýer alma

les pommes de terre rôties

gowurylan ýer alma

la pizza

pizza

le hamburger

gamburger

le sandwich

sendwiç

l'escalope

üweme

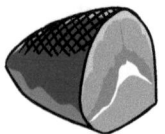

le jambon

wetçina

le salami

salýami

la saucisse

şöhlat

le poulet

towuk

le rôti

gowrulyp taýýarlanýan nahar

le poisson

balyk

les flocons d'avoine

süle patragy

le muesli

mýusli

les cornflakes

mekgejöwen patragy

la farine

un

le croissant

kruassan

les petits-pains

bulka

le pain

çörek

le pain grillé

tost

les biscuits

köke

le beurre

ýag

le fromage blanc

dorog

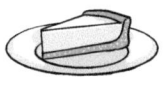

le gâteau

pirog

l'œuf

ýumurtga

l'œuf au plat

heýgenek

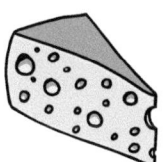

le fromage

peýnir

l'alimentation - nahar

la glace

doňdurma

le sucre

şeker

le miel

bal

la confiture

marmelad

la crème nougat

nogully krem

le curry

karri

la ferme
daýhan öýi

la botte de paille
saman daňysy

la grange
saraý

le champ
meýdan

le cheval
at

la remorque
tirkeg

le poulain
taýçanak

le tracteur
traktor

l'âne
eşek

l'agneau
guzy

le mouton
urkaçy goýun

la chèvre

geçi

la vache

sygyr

le veau

göle

le porc

doňuz

le porcelet

jojuk

le taureau

öküz

l'oie

gaz

le canard

ördek

le poussin

jüýje

la poule

towuk

le coq

horaz

le rat

alaka

le chat

pişik

la souris

syçan

le bœuf

öküz

le chien

it

le chenil

it ýatagy

le tuyau de jardin

bag şlangy

l'arrosoir

guýgyç

la faucheuse

orak

la charrue

azal

la faucille
orak

la pioche
kätmen

la fourche
dökün çarşagy

la hache
palta

la brouette
galtak

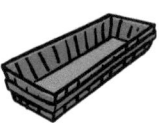

la cuve
kersen

le pot à lait
süýt üçin tüňňür

le sac
halta

la clôture
haýat

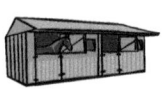

l'étable
çörek

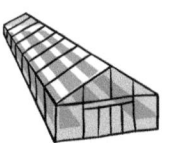

le serre
ýyladyşhana

le sol
toprak

les semences
ekin

l'engrais
dökün

la moissonneuse-batteuse
kombaýn

récolter

hasyl ýygnamak

la récolte

galla

l'igname

ýams

le blé

bugdaý

le soja

soýa

la pomme de terre

ýeralma

le maïs

mekgejöwen

le colza

raps

l'arbre fruitier

miwe agajy

le manioc

manioka

les céréales

däneli ösümlikler

la maison

öý

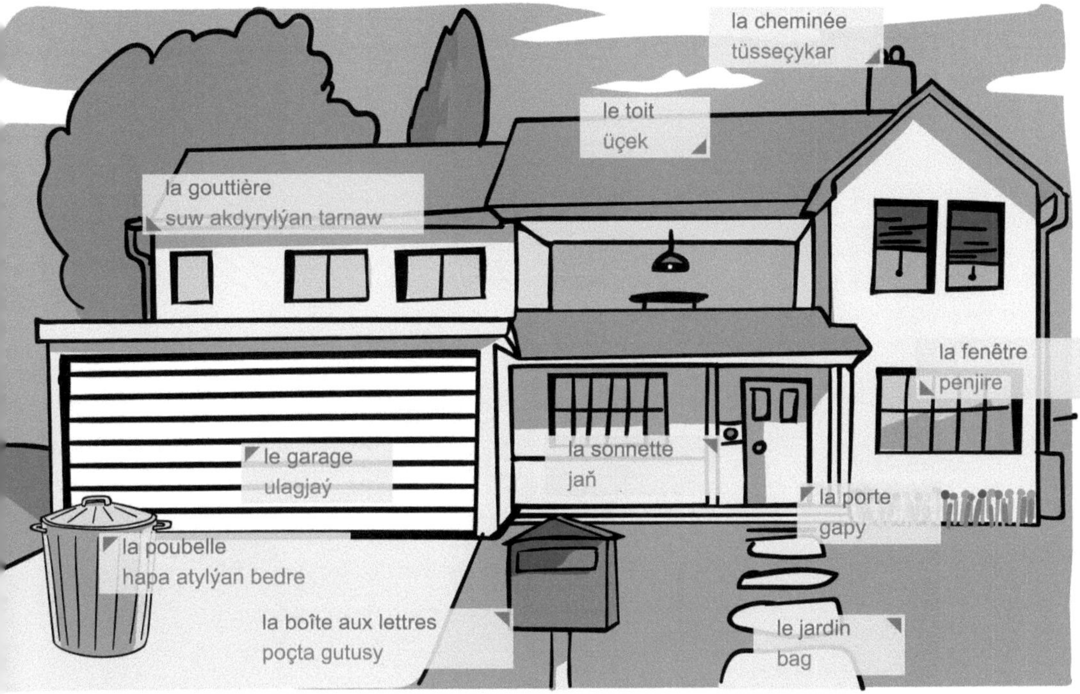

la cheminée
tüsseçykar
le toit
üçek
la gouttière
suw akdyrylýan tarnaw
la fenêtre
penjire
le garage
ulagjaý
la sonnette
jaň
la porte
gapy
la poubelle
hapa atylýan bedre
la boîte aux lettres
poçta gutusy
le jardin
bag

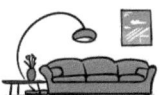

le salon

myhman otagy

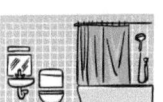

la salle de bain

wanna otagy

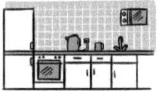

la cuisine

aşhana

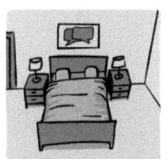

la chambre à coucher

ýatalga otagy

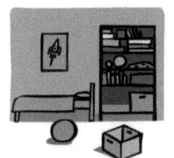

la chambre d'enfant

çaga otagy

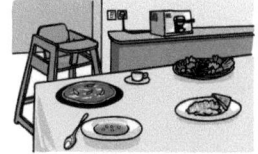

la salle à manger

naharhana

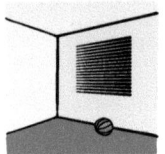

le sol
pol

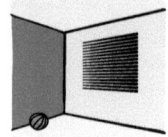

le mur
diwar

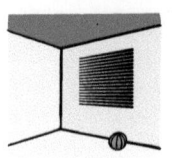

le plafond
potolok

la cave
ýerzemin

le sauna
hamam

le balcon
balkòn

la terrasse
eýwan

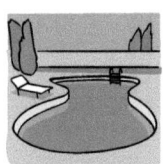

la piscine
howdan

la tondeuse à gazon
gazon orujy

la housse
ýorgan daşlygy

la couette
örtgi

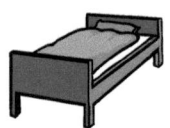

le lit
ýatakça

le balai
sübse

le sceau
bedre

l'interrupteur
öçüriji

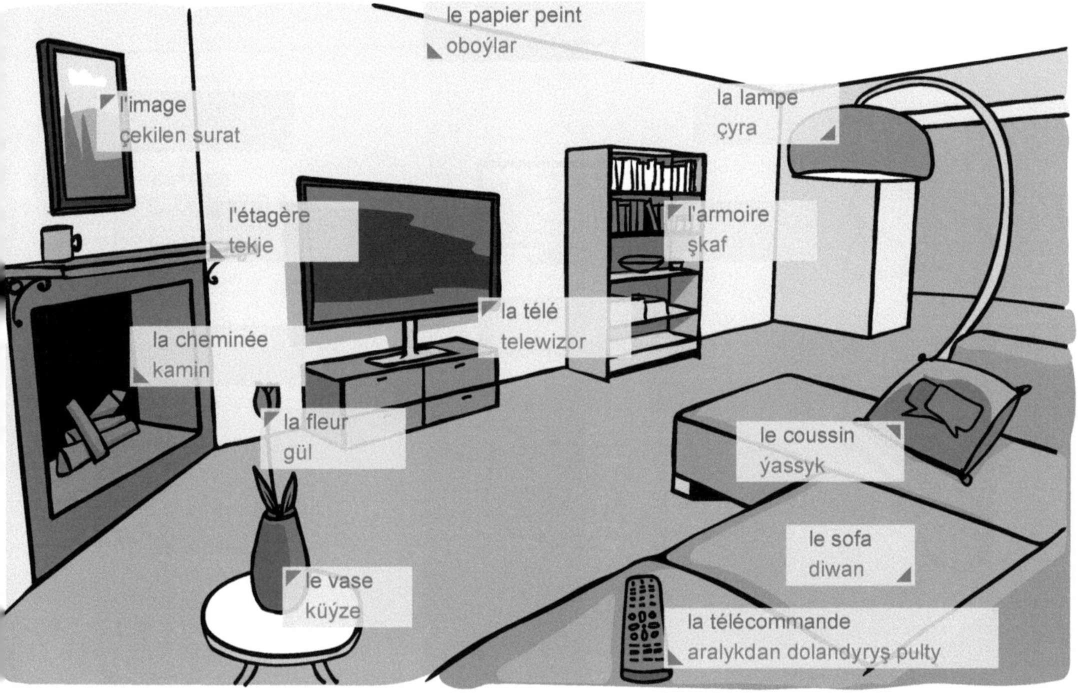

le papier peint
oboýlar

l'image
çekilen surat

la lampe
çyra

l'étagère
tekje

l'armoire
şkaf

la télé
telewizor

la cheminée
kamin

la fleur
gül

le coussin
ýassyk

le sofa
diwan

le vase
küýze

la télécommande
aralykdan dolandyryş pulty

le tapis
haly

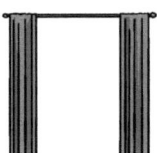

le rideau
tuty

la table
stol

la chaise
oturgyç

la chaise à bascule
öňe-yza gaýdýan kürsi

le fauteuil
kürsi

le livre

kitap

la couverture

örtgi

la décoration

bezeg

le bois de chauffage

odun

le film

film

la chaîne hi-fi

stereo ulgam

la clé

açar

le journal

gazet

la peinture

surat

le poster

ündewsurat

la radio

radio

le bloc-notes

bloknot

l'aspirateur

tozan sorujy

le cactus

kaktus

la bougie

şem

la cuisine
aşhana

le réfrigérateur
sowadyjy
le four à micro-ondes
mikrotolkunly peç
la balance de cuisine
aşhana terezisi
le grille-pain
toster
le détergent
ýuwujy serişde
le four
howur peji
le compartiment congélateur
doňdurgyç
la poubelle
hapa atylýan bedre
le lave-vaisselle
gap-gaç ýuwujy maşyn

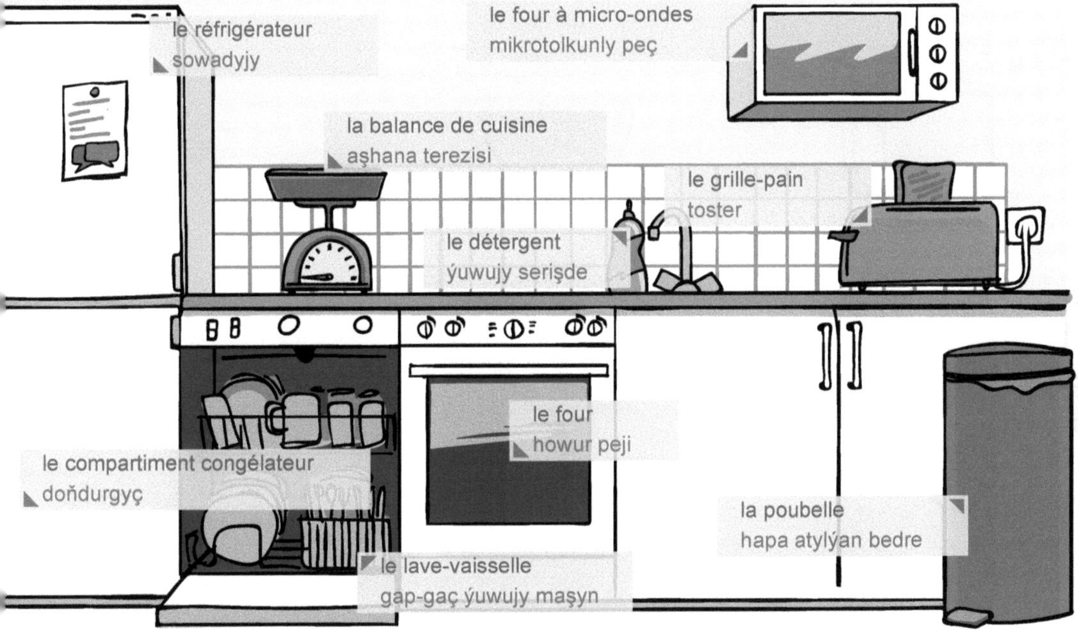

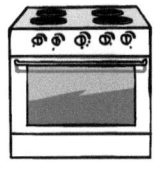

le four

plita

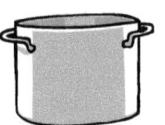

la casserole

piti

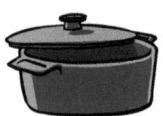

la marmite

çoýun gazany

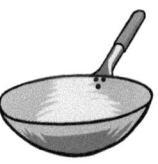

le wok / kadai

wok / kadaý

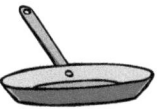

la poêle

saç

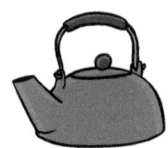

la bouilloire electrique

çäýnek, kitir

le cuiseur vapeur

bugda bişiriji

la plaque de cuisson

protiwen

la vaisselle

gap-gaç

le gobelet

kürşge

la coupe

jam

les baguettes

nahar iýilýän taýajyklar

la louche

susak

la spatule

piljagaz

le fouet

ýaýylýan maşyn

la passoire

elek

le tamis

elek

la râpe

gyrgyç

le mortier

soky

le barbecue

gril

la cheminée

ot

la planche à découper

tagta

le rouleau à pâtisserie

oklaw

le tire-bouchon

ştopor

la boîte

tüneke banka

l'ouvre-boîte

konserwa pyçagy

les maniques

tutguç

le lavabo

rakowina

la brosse

çotga

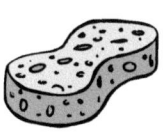

l'éponge

gubka

le mixeur

mikser

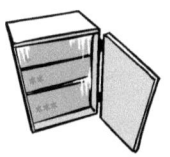

le congélateur

doňdurma kamerasy

le biberon

çagany iýmitlendirmek üçin
çüýşejik

le robinet

kran

la salle de bain
wanna otagy

le chauffage
ýyladyş
la serviette
süpürgiç
la douche
duş
le rideau de douche
duş üçin tuty
le bain moussant
köpürjikli wanna
la baignoire
wanna
la machine à laver
kir ýuwulýan maşyn
le carrelage
plitka
le robinet
kran
le verre
bulgur
le pot
küýze
le lavabo
rakowina

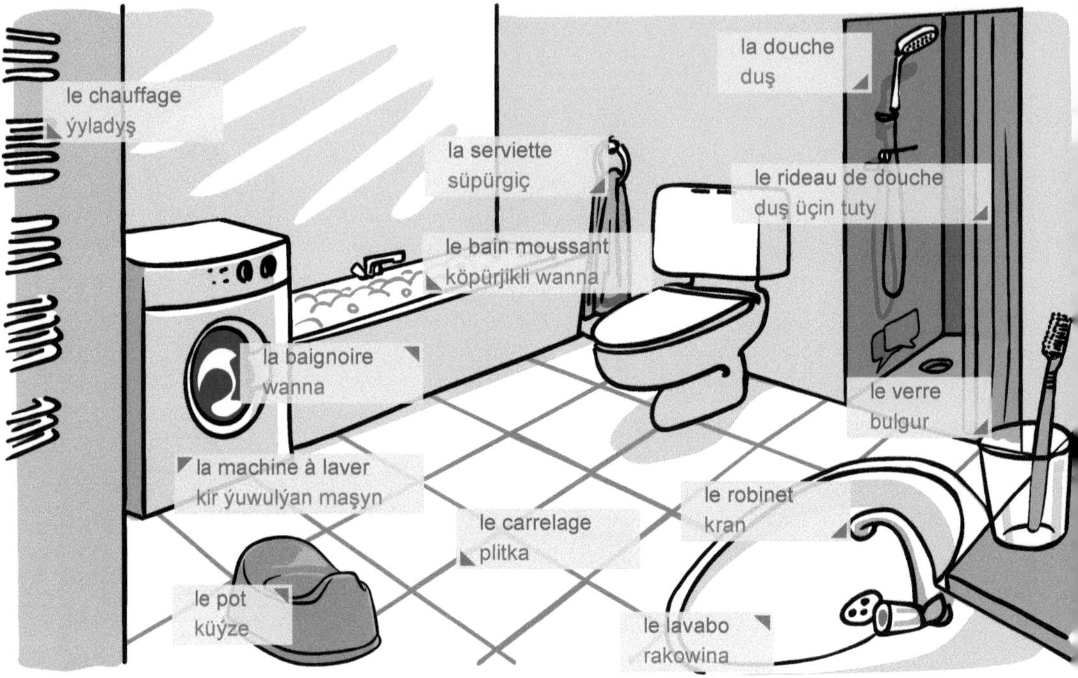

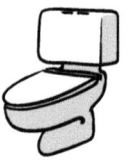

les toilettes

hajathana

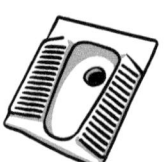

la toilette à la turque

polda oturdylýan unitaz

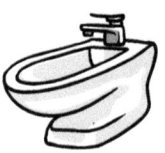

le bidet

bide

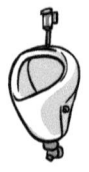

l'urinoir

pissuar

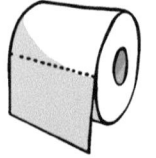

le papier toilette

hajathana kagyzy

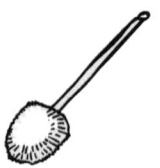

la brosse à toilette

hajathana çotgasy

la brosse à dents

diş çotgasy

le dentifrice

diş pastasy

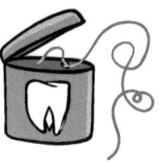

le fil dentaire

diş sapagy

laver

ýuwmak

la douche manuelle

el duşy

la douche intime

şahsy duş

la vasque

legen

la brosse dorsale

arka üçin çotga

le savon

sabyn

le gel douche

duş üçin gel

le shampooing

şampun

le gant de toilette

moçalka

l'écoulement

akyş

la crème

krem

le déodorant

dezodorant

le miroir

aýna

le miroir cosmétique

el aýnasy

le rasoir

päki

la mousse à raser

sakgal syrmak üçin köpürjik

l'après-rasage

sakgal syrylanyndan soňky losýon

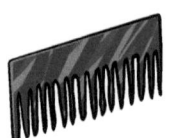

la peigne

darak

la brosse

çotga

le sèche-cheveux

fen

la laque pour cheveux

saç üçin lak

le fond de teint

kosmetika

le rouge à lèvres

dodaga çalynýan reňk

le vernis à ongles

dyrnaga çalynýan reňk

l'ouate

pamyk

le coupe-ongles

manikýur gaýçysy

le parfum

atyr

la trousse de toilette

kosmetika üçin gutujyk

le tabouret

oturgyç

le pèse-personne

terezi

le peignoir

halat

les gants de nettoyage

rezin ellik

le tampon

tampon

les serviettes hygiéniques

gigiýena prokladkasy

la toilette chimique

biohajathana

la chambre d'enfant

çaga otagy

le réveil
oýaryjy
le doudou
ýumşak oýnawaç
la voiture jouet
oýnawaç awtoulag
le hochet
şakyrdawukly oýnawaç
la maison de poupée
gurjak öýi
le cadeau
sowgat

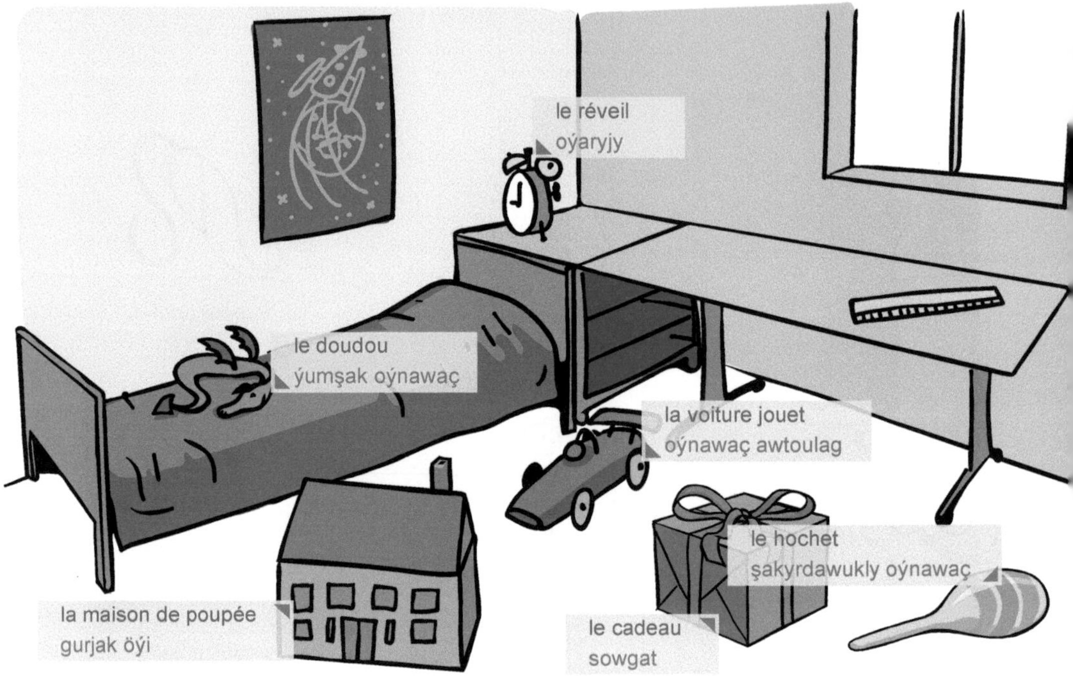

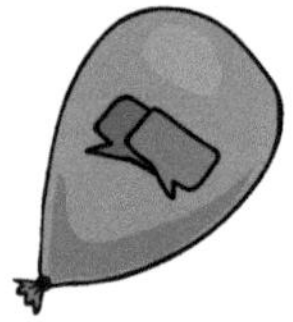

le ballon

howaly şar

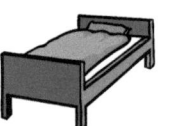

le lit

ýatakça

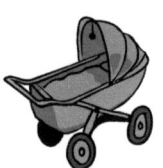

la poussette

çaga arabasy

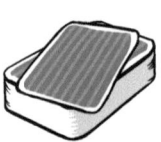

le jeu de cartes

kart oýny

le puzzle

pazl

SUPER MEGA

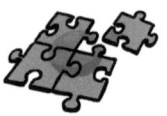

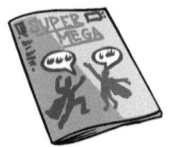

la bande dessinée

komiks

les pièces lego

Lego kerpiçleri

les blocs de construction

kubikler

la figurine

oýnawaç şekil

la grenouillère

çagalar üçin joraply balak

le frisbee

frisbi

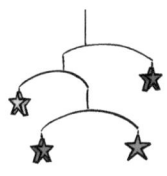

le mobile

mobile

le jeu de société

stolüsti oýun

le dé

kubik

le train miniature

demir ýolunyň modeli

la sucette

soska

la fête

şagalaň

le livre d'images

şekilli kitap

la balle

top

la poupée

gurjak

jouer

oýnamak

le bac à sable

çäge aýmança

la balançoire

hiňňildik

les jouets

oýnawaç

la console de jeu

oýun pristawkasy

le tricycle

üç tigirli welosiped

l'ours en peluche

plýuşadan aýyjyk

l'armoire

egin-eşik üçin şkaf

les vêtements

egin-eşik

les chaussettes

jorap

les bas

çulki

le collant

kolgotka

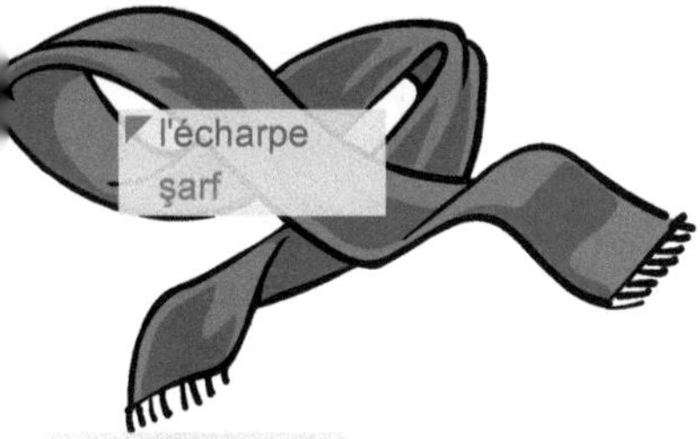

l'écharpe
şarf

le parapluie
saýawan

le t-shirt
futbolka

la ceinture
kemer

les baskets
krossowka

les bottes
ädik

les pantoufles
öý şypbygy

les sandales
sandaliýa

les chaussures
aýakgap

les bottes de caoutchouc
rezin ädik

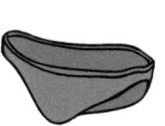

les sous-vêtements
türsük

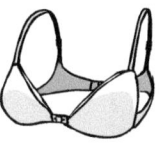

le soutien-gorge
göwüslik

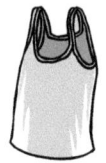

le maillot de corps
maýka

le body

bodi

le pantalon

jalbar

le jean

jins

la jupe

ýubka

le chemisier

bluzka

la chemise

köýnek

le pull

switer

le sweat à capuche

switer

la veste

sport keltekçesi

la veste

žaket

le manteau

palto

l'imperméable

plaş

le costume

kostýum

la robe

köýnek

la robe de mariée

toý köýnegi

le costume

erkek üçin kostýum

la chemise de nuit

ýatyş köýnegi

le pyjama

pižama

le sari

sari

le foulard

ýaglyk

le turban

selle

la burqa

perenji

le caftan

kaftan

l'abaya

abaýa

le maillot de bain

suwa düşmek üçin lybas

le maillot de bain

plawki

le short

şorty

la tenue d'entraînement

sport lybasy

le tablier

öňlük

les gants

ellik

le bouton

ilik

les lunettes

äýnek

le bracelet

bilezik

le collier

zynjyr

la bague

ýüzük

la boucle d'oreille

syrga

le bonnet

papak

le cintre

geýim asgyç

le chapeau

şlýapa

la cravate

galstuk

la fermeture éclair

syrma

le casque

şlem

les bretelles

egnaşyr kemer

l'uniforme scolaire

mekdep lybasy

l'uniforme

lybas

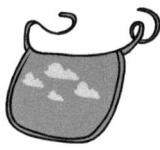

le bavoir

çaga döşlügi

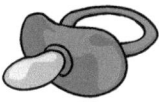

la sucette

soska

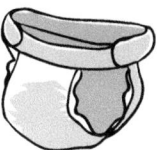

la lange

arlyk

le bureau
ofis

le serveur
serwer
l'armoire d'archivage
kanselýariýa şkafy
l'imprimante
printer
le papier
kagyz
l'écran
monitor
la souris
syçanjyk
le bureau
ýazuw stoly
le classeur
papka
le clavier
klawiatura
la corbeille à papier
kagyz üçin sebet
l'ordinateur
kompýuter
la chaise
oturgyç

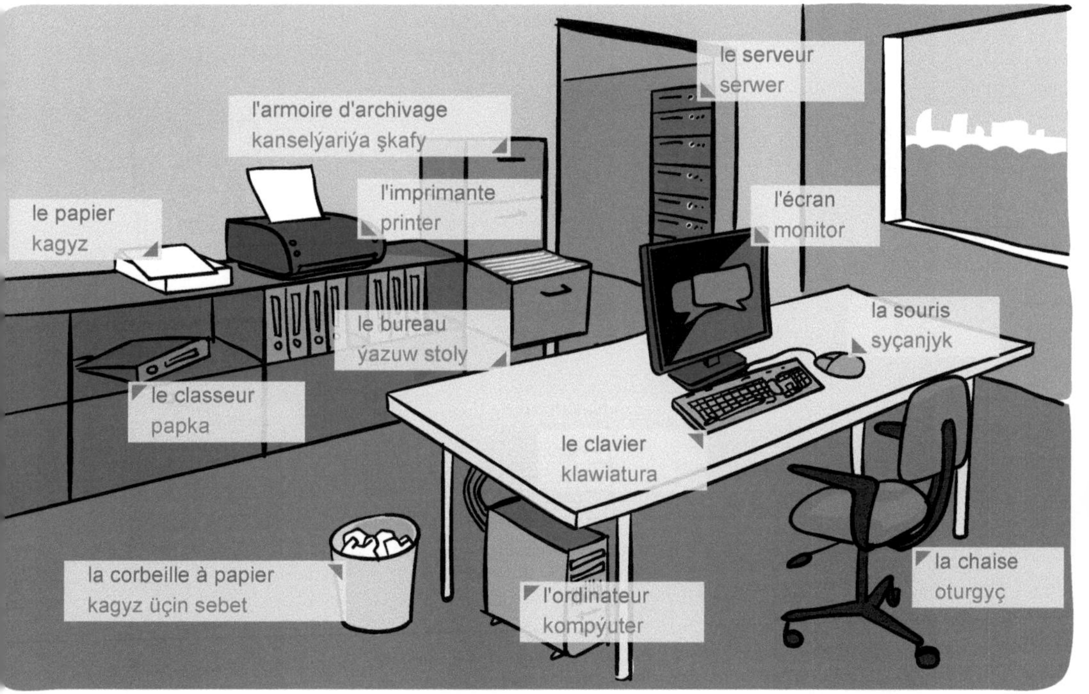

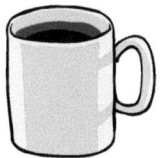

la tasse de café

kofe kružkasy

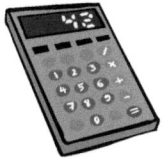

la calculatrice

kalkulýator

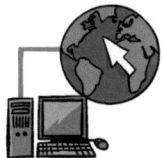

l'internet

internet

l'ordinateur portable

noutbuk

la lettre

hat

le message

habar

le portable

öýjükli telefon

le réseau

tor

la photocopieuse

kseroks

le logiciel

programma

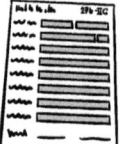

le téléphone

telefon

la prise

rozetka

le fax

faks

le formulaire

formulýar

le document

resminama

acheter

satyn almak

payer

tölemek

faire du commerce

söwda etmek

la monnaie

pul

le dollar

dollar

l'euro

ýewro

le yen

iena

le rouble

rubl

le franc suisse

frank

le renminbi yuan

żenminbi ýuan

la roupie

rupiýa

le distributeur automatique

bankomat

le bureau de change

walýuta çalyşmak üçin bent

l'or

altyn

l'argent

kümüş

le pétrole

nebit

l'énergie

energiýa

le prix

baha

le contrat

şertnama

la taxe

salgyt

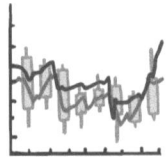

l'action

paýnama

travailler

işlemek

l'employé

gullukçy

l'employeur

iş beriji

l'usine

fabrik

le magasin

dükan

les professions
hünärler

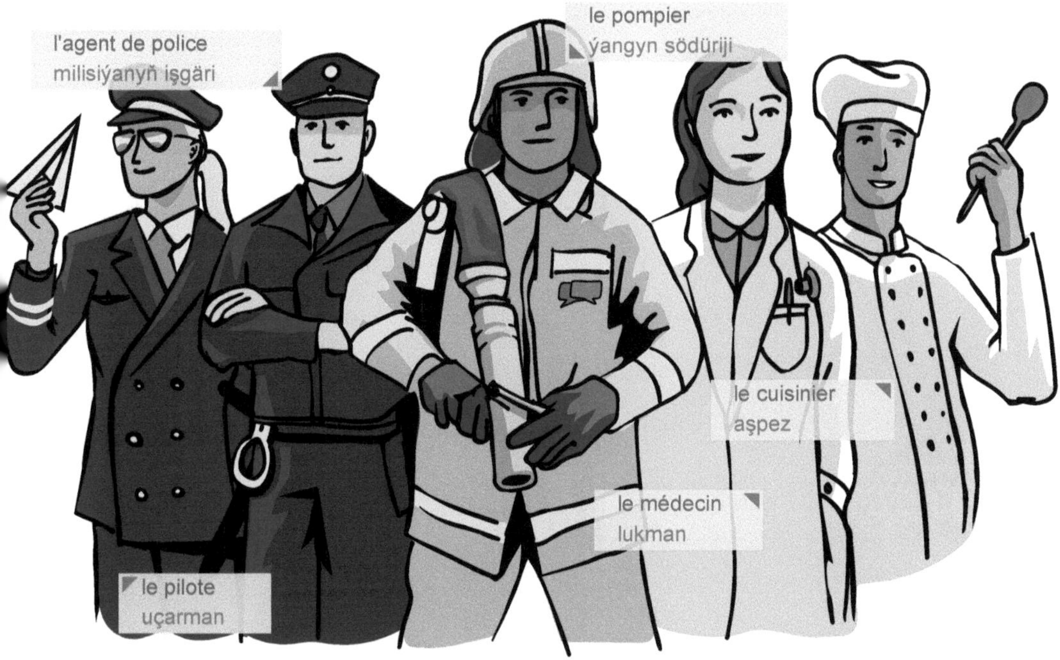
l'agent de police
milisiýanyň işgäri
le pompier
ýangyn söndüriji
le cuisinier
aşpez
le médecin
lukman
le pilote
uçarman

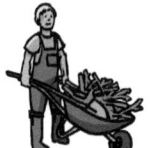

le jardinier
bagban

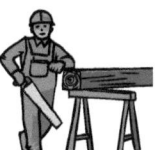

le menuisier
agaç ussasy

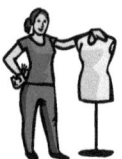

la couturière
tikinçi

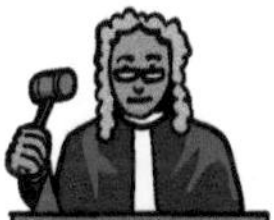

le juge
kazy

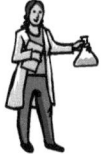

le chimiste
himik

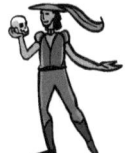

l'acteur
aktýor

le conducteur de bus

awtobus sürüjisi

le chauffeur de taxi

taksiçi

le pêcheur

balykçy

la femme de ménage

tam süpüriji

le couvreur

üçek basyrýan ussa

le serveur

ofisiant

le chasseur

awçy

le peintre

suratçy

le boulanger

çörekçi

l'électricien

elektrik

l'ouvrier

gurluşykçy

l'ingénieur

inžener

le boucher

gassap

le plombier

santehnik

le facteur

hatçy

les professions - hünärler

le soldat

esger

l'architecte

binagär

le caissier

pulhanaçy

le fleuriste

floraçy

le coiffeur

dellekçi

le contrôleur

konduktor

le mécanicien

mehanik

le capitaine

kapitan

le dentiste

diş lukmany

le scientifique

alym

le rabbin

rawwin

l'imam

imam

le moine

monah

le prêtre

ruhany

les outils
gurallar

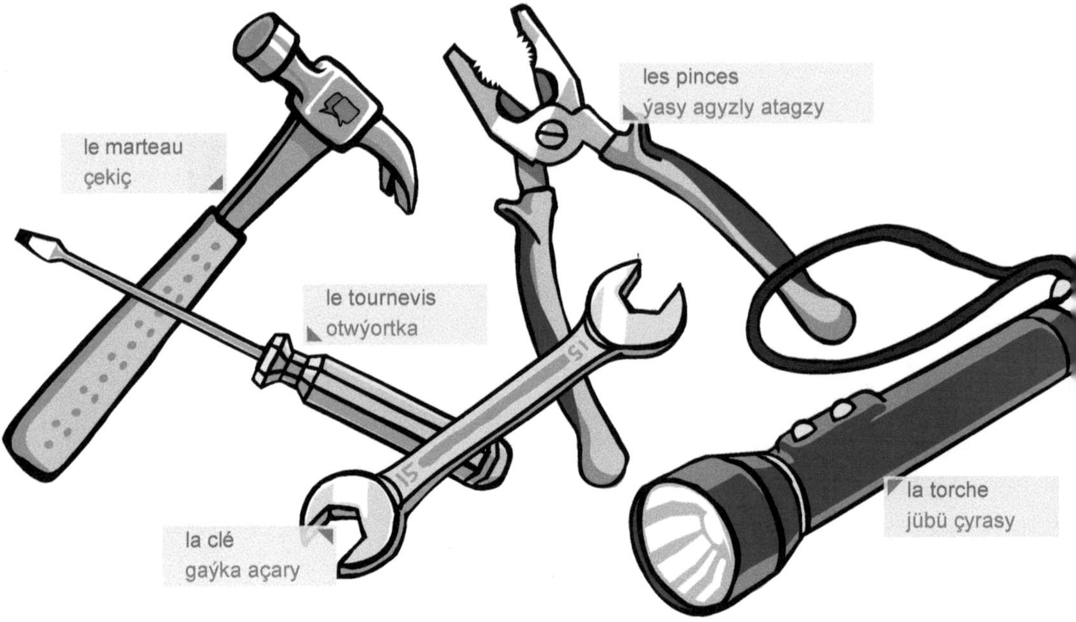
le marteau
çekiç
les pinces
ýasy agyzly atagzy
le tournevis
otwýortka
la clé
gaýka açary
la torche
jübü çyrasy

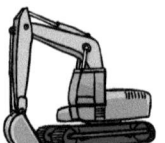

la pelleteuse
ekskawator

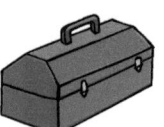

la boîte à outils
gurallar üçin gap

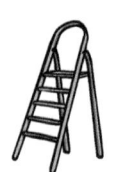

l'échelle
merdiwan

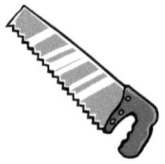

la scie
byçgy

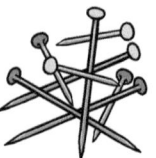

les clous
çüýler

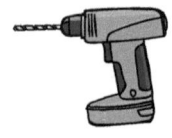

la perceuse
drel

réparer

abatlamak

la pelle

pil

Mince !

Bolmandyr!

la pelle

susguç

le pot de peinture

boýagly bedre

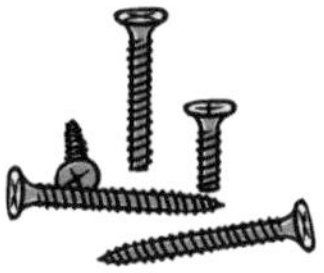

les vis

nurbatlar

les instruments de musique

saz gurallary

la batterie
kakylyp çalynýan saz guraly

le haut-parleurs
batly gürleýji

la guitare
gitara

la contrebasse
kontrabas

la trompette
turba

le piano

pianino

le violon

skripka

la basse

bas-gitara

les timbales

nagara

le tambour

deprek

le piano électrique

sintezator

le saxophone

saksafon

la flûte

fleýta

le microphone

mikrofon

le zoo
haýwanat bagy

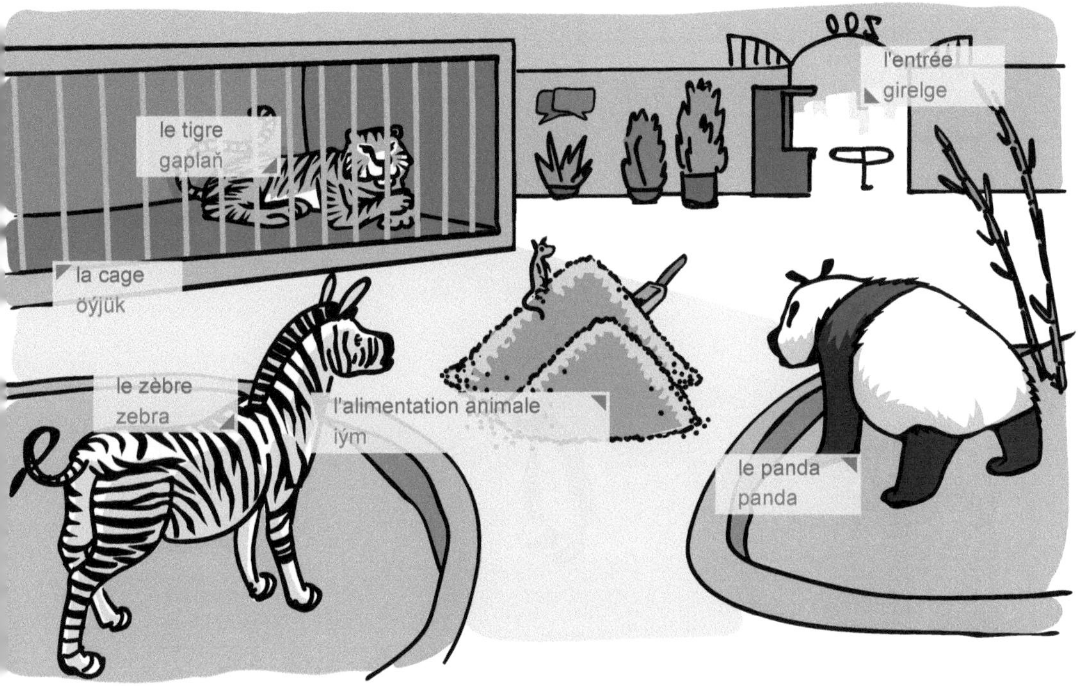

l'entrée
girelge
le tigre
gaplaň
la cage
öýjük
le zèbre
zebra
l'alimentation animale
iým
le panda
panda

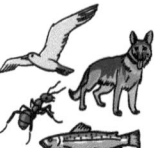

les animaux

haýwanlar

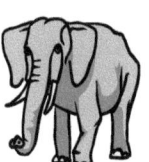

l'éléphant

pil

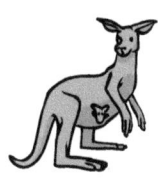

le kangourou

kenguru

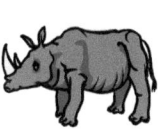

le rhinocéros

nosorog

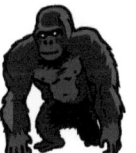

le gorille

gorilla

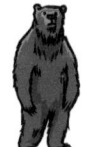

l'ours

aýy

le chameau

düýe

l'autruche

düýeguş

le lion

ýolbars

le singe

maýmyn

le flamand rose

gyzylinjik

le perroquet

hindiguş

l'ours polaire

ak aýy

le pingouin

pingwin

le requin

akula

le paon

tawus

le serpent

ýylan

le crocodile

krokodil

le gardien de zoo

haýwanat bagynyň
gullukçysy

le phoque

düwlen

le jaguar

ýaguar

le poney

poni

le léopard

gaplaň

l'hippopotame

begemot

la girafe

žiraf

l'aigle

bürgüt

le sanglier

ýekegapan

le poisson

balyk

la tortue

pyşbaga

le morse

suwpişik

le renard

tilki

la gazelle

jeren

l'american Football
amerikan

le cyclisme
tigir sürmek

le tennis
tennis

le basket-ball
basketbol

la natation
ýüzme

la boxe
boks

le hockey sur glace
hokkeý

le football
futbol

le badminton
badminton

l'athlétisme
ýeňil atletika

le handball
gandbol

le ski
lyža sporty

le polo
polo

sauter
bökmek

rire
gülmek

embrasser
gujaklamak

marcher
gitmek

chanter
aýdym aýtmak

rêver
arzuw etmek

prier
dilemek

faire la bise
öpmek

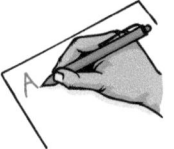

écrire
ýazmak

dessiner
surat çekmek

montrer
görkezmek

pousser
basmak

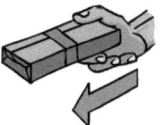

donner
bermek

prendre
almak

avoir

eýe bolmak

faire

etmek

être

bolmak

être debout

durmak

courir

ylgamak

trier

çekmek

jeter

taşlamak

tomber

gaçmak

être couché

ýatmak

attendre

garaşmak

porter

götermek

être assis

oturmak

s'habiller

geýmek

dormir

ýatmak

se réveiller

oýanmak

regarder

görmek

pleurer

aglamak

caresser

sypalamak

peigner

daramak

parler

gürlemek

comprendre

düşünmek

demander

soramak

écouter

diñlemek

boire

içmek

manger

iýmek

ranger

tertipleşdirmek

aimer

söýmek

cuire

taýýarlmak

conduire

gitmek

voler

uçmak

faire de la voile

ýelkeni ýaýyp gitmek

calculer

hasaplamak

lire

okamak

apprendre

okamak

travailler

işlemek

se marier

nikalaşmak

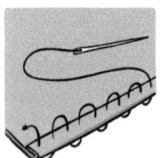

coudre

dikmek

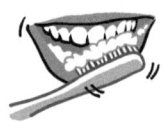

brosser les dents

dişiňi arassalamak

tuer

öldürmek

fumer

çilim çekmek

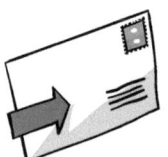

envoyer

ugratmak

la famille
maşgala

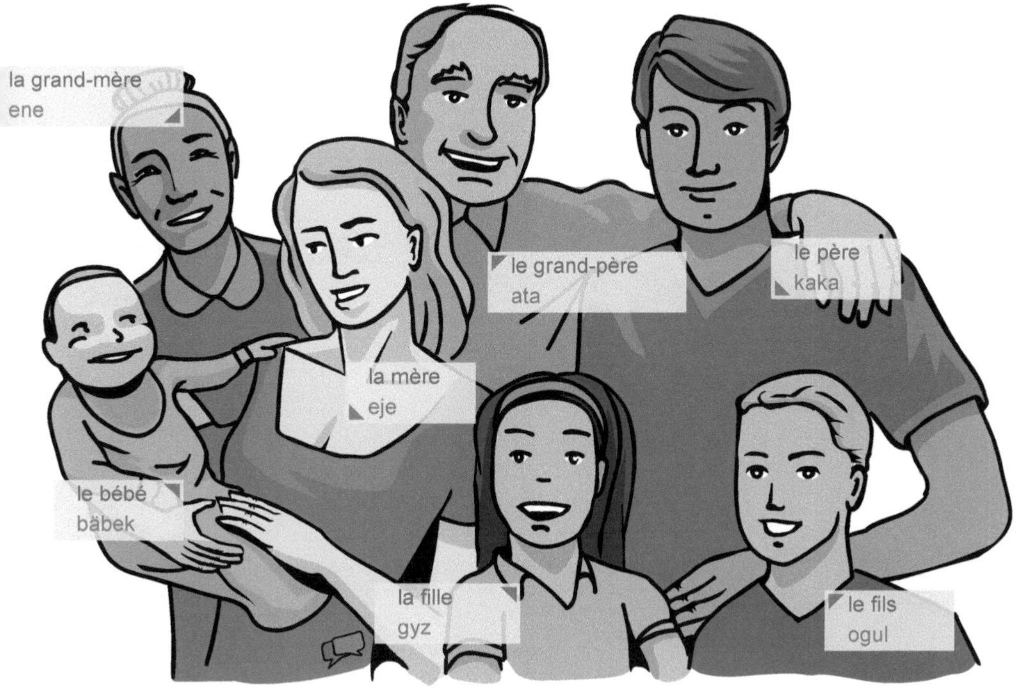
la grand-mère
ene
le grand-père
ata
le père
kaka
la mère
eje
le bébé
bäbek
la fille
gyz
le fils
ogul

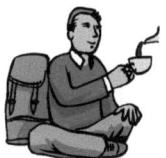

l'hôte

myhman

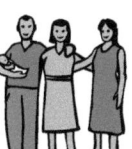

la tante

daýza

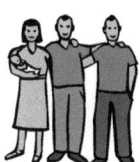

l'oncle

daýy

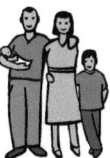

le frère

aga

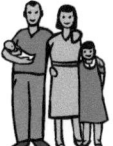

la sœur

uýa

le corps
ten

le front
maňlaý
l'œil
göz
l'épaule
egin
le doigt
barmak
le visage
ýüz
le menton
äň
la main
penje
la jambe
aýak
la poitrine
döş
le bras
el

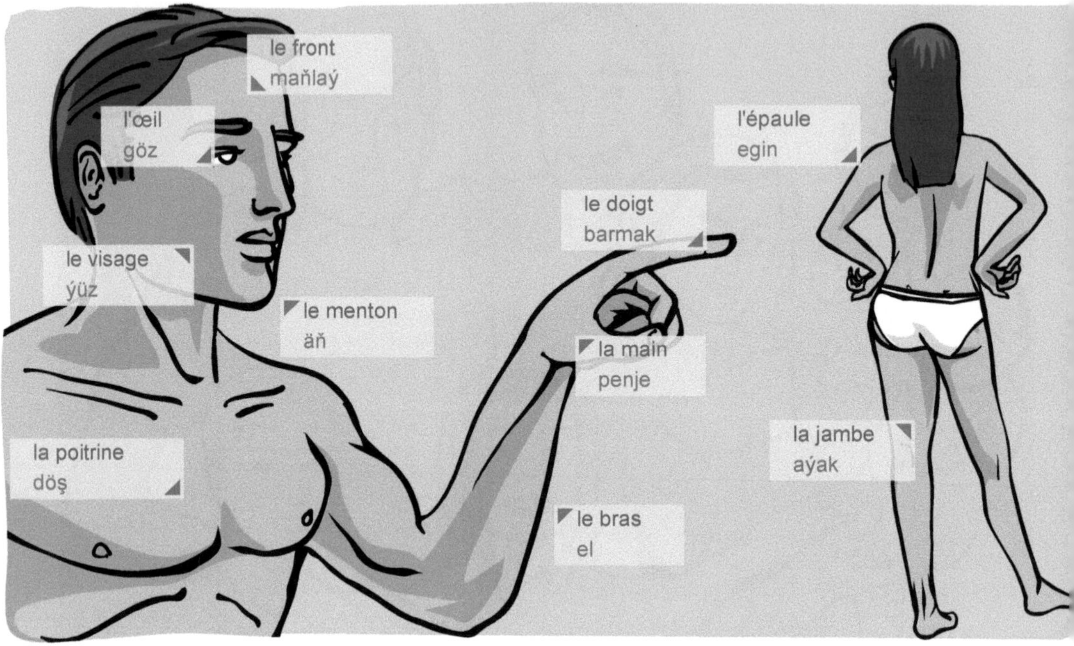

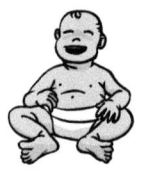

le bébé
bäbek

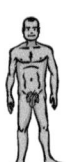

l'homme
erkek

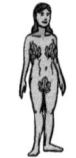

la femme
aýal

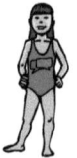

la fille
gyz

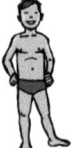

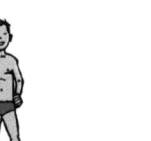

le garçon
oglan

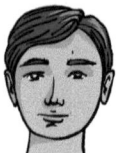

la tête
kelle

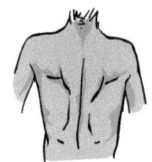

le dos

arka

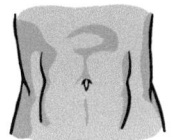

le ventre

garyn

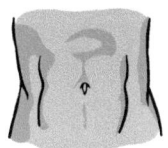

le nombril

göbek

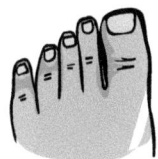

l'orteil

aýak barmagy

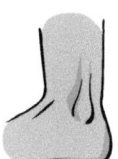

le talon

ökje

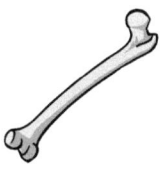

l'os

süňk

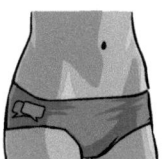

la hanche

but

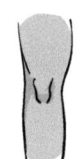

le genou

dyz

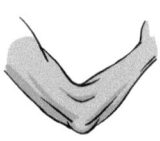

le coude

tirsek

le nez

burun

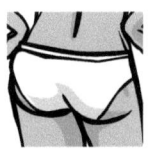

les fesses

ýanbaş

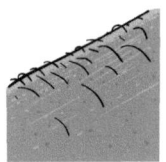

la peau

deri

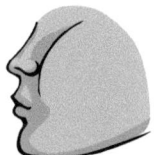

la joue

ýaňak

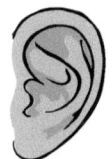

l'oreille

gulak

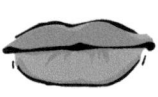

la lèvre

dodak

la bouche

agyz

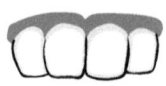

la dent

diş

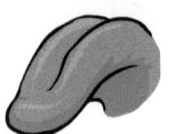

la langue

dil

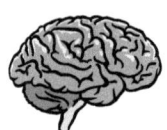

le cerveau

beýni

le cœur

ýürek

le muscle

myşsa

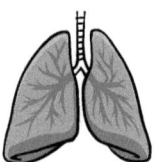

les poumons

öýken

le foie

bagyr

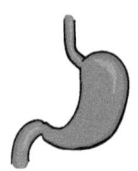

l'estomac

aşgazan

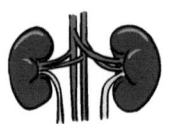

les reins

böwrek

le rapport sexuel

jyns ýakynlygy

le préservatif

prezerwatiw

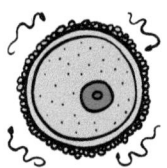

l'ovule

erkeklik jyns öýjügi

le sperme

tohumlyk

la grossesse

göwrelilik

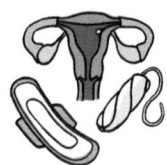

la menstruation

bil açylma

le vagin

wagina

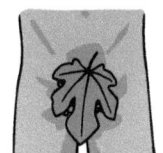

le pénis

erkek jyns agzasy

le sourcil

gaş

les cheveux

saç

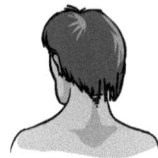

le cou

boýun

l'hôpital
hassahana

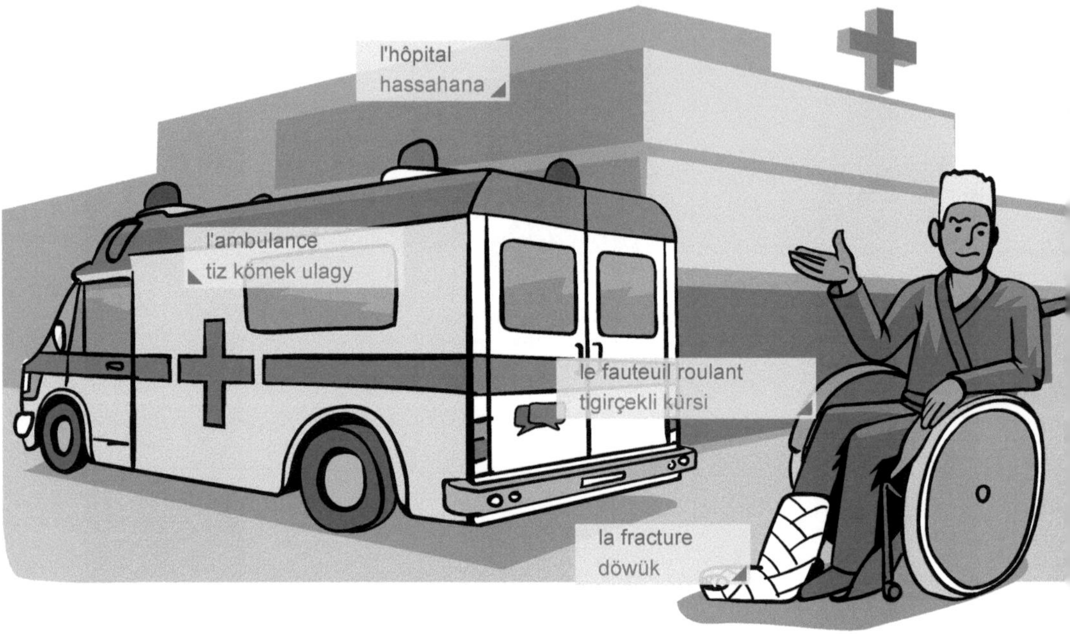

l'hôpital
hassahana
l'ambulance
tiz kömek ulagy
le fauteuil roulant
tigirçekli kürsi
la fracture
döwük

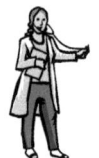

le médecin

lukman

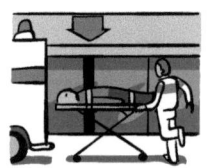

le service des urgences

ilkinji kömek nokady

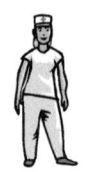

l'infirmière

şepagat uýasy

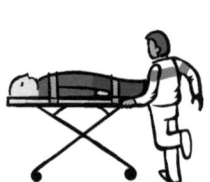

l'urgence

gaýragoýulmasyz ýagdaý

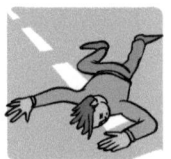

inconscient

özüni bilmän

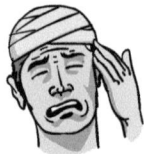

la douleur

agyry

la blessure

zeper ýetme

l'hémorragie

gan akmasy

la crise cardiaque

infarkt

l'attaque cérébrale

insult

l'allergie

allergiýa

la toux

üsgülik

la fièvre

ýokarlanan temperatura

la grippe

dümew

la diarrhée

içgeçme

le mal de tête

kelle agyrysy

le cancer

rak

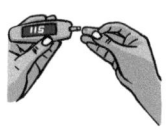

le diabète

diabet

le chirurgien

hirurg

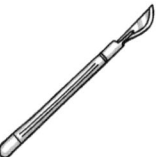

le scalpel

skalpel

l'opération

operasiýa

le CT

iýmit siňdirýän ortlaryň jemi

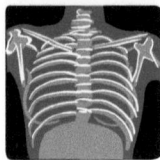

la radiographie

rentgen

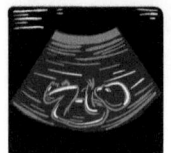

l'échographie

ultrases

le masque

maska

la maladie

kesel

la salle d'attente

kabulhana

la béquille

pişek

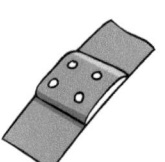

le pansement

plastyr

le pansement

bint

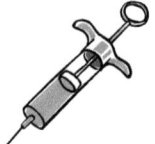

l'injection

sanjym

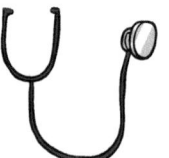

le stéthoscope

stetoskop

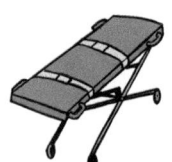

le brancard

zemmer

le thermomètre

termometr

l'accouchement

dogluş

la surcharge pondérale

artykmaç agram

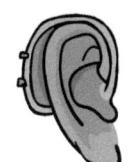

l'appareil auditif

eşidiş abzaly

le désinfectant

zyýansyzlandyryjy serişde

l'infection

ýokanç

le virus

wirus

le VIH / le sida

WIÇ/ AIDS

le médicament

derman

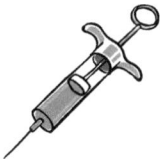

la vaccination

öñüni alyş sanjymy

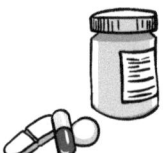

les comprimés

gerdejikler

la pilule

göwreli bolmakdan goraýan gerdejik

l'appel d'urgence

gaýragoýulmasyz çagyryş

le tensiomètre

gan basyşyny ölçeýji abzal

malade / sain

näsag / sagdyn

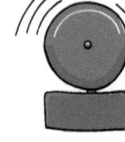

Au secours !

Kömek ediň!

l'alarme

howsala signaly

l'assaut

çozuş

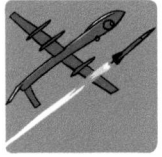

l'attaque

hüjüm

le danger

howp

la sortie de secours

ätiýaçlyk çykalgasy

Au feu!

Ýangyn!

l'extincteur

ot söndürijisi

l'accident

betbagtçylykly ýagdaý

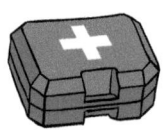

la trousse de premier
secours

derman gutujygy

SOS

SOS

la police

milisiýa

l'Europe

Ýewropa

l'Amérique du Nord

Demirgazyk Amerika

l'Amérique du Sud

Günorta Amerika

l'Afrique

Afrika

l'Asie

Aziýa

l'Australie

Awstraliýa

l'Océan atlantique

Atlantika ummany

l'Océan pacifique

Ýuwaş umman

l'Océan indien

Hindi ummany

l'Océan antarctique

Antarktika ummany

l'Océan arctique

Demirgazyk Buzly umman

le Pôle nord

Demirgazyk polýusy

le Pôle sud

Günorta polýusy

l'Antarctique

Antarktida

la terre

zemin

le pays

gury ýer

la mer

deňiz

l'île

ada

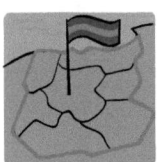

la nation

millet

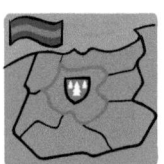

l'état

döwlet

le cadran

siferblat

l'aiguille des heures

sagadyň dili

l'aiguille des minutes

minut görkezýän dil

l'aiguille des secondes

sekundy görkezýän dil

Quelle heure est-il ?

sagat näçe?

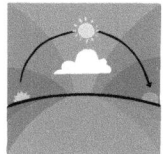

le jour

gün

le temps

wagt

maintenant

häzir

la montre digitale

elektron sagady

la minute

minut

l'heure

sagat

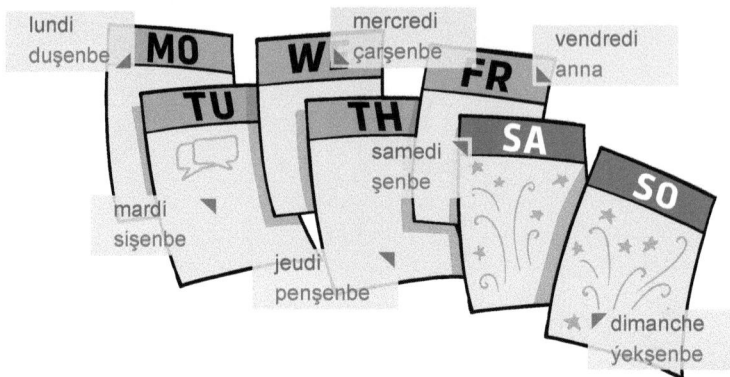

lundi
duşenbe

mercredi
çarşenbe

vendredi
anna

mardi
sişenbe

samedi
şenbe

jeudi
penşenbe

dimanche
ýekşenbe

hier
....
düýn

aujourd'hui
....
şu gün

demain
....
ertir

le matin
....
säher

le midi
....
günortan

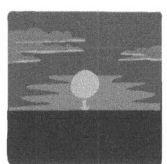

le soir
....
agşamlyk

MO	TU	WE	TH	FR	SA	SU
1	2	3	4	5	6	7
8	9	10	11	12	13	14
15	16	17	18	19	20	21
22	23	24	25	26	27	28
29	30	31	1	2	3	4

les jours ouvrables
....
iş günler

MO	TU	WE	TH	FR	SA	SU
1	2	3	4	5	6	7
8	9	10	11	12	13	14
15	16	17	18	19	20	21
22	23	24	25	26	27	28
29	30	31	1	2	3	4

le week-end
....
dynç günler

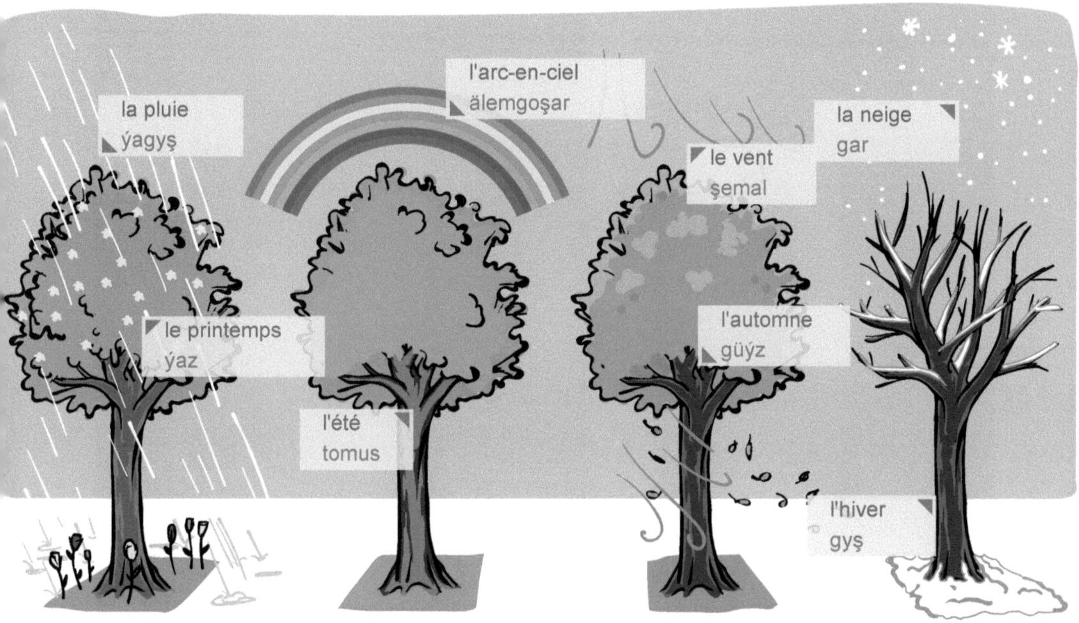

la pluie
ýagyş

l'arc-en-ciel
älemgoşar

la neige
gar

le vent
şemal

le printemps
ýaz

l'automne
güýz

l'été
tomus

l'hiver
gyş

	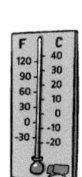	
la météo	le thermomètre	la lumière du soleil
howa maglumaty	termometr	gün ýagtylygy

le nuage	le brouillard	l'humidité
gara bulut	ümür	howanyň çyglylygy

la foudre

ýyldyrym

la tonnerre

gök gümmürdisi

la tempête

tupan

la grêle

doly

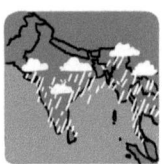

la mousson

musson

l'inondation

suw alma

la glace

buz

janvier

ýanwar

février

fewral

mars

mart

avril

aprel

mai

maý

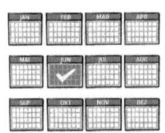

juin

iýun

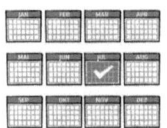

juillet

iýul

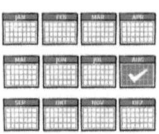

août

awgust

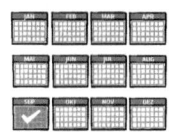

septembre

sentýabr

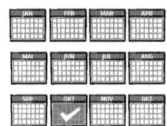

octobre

oktýabr

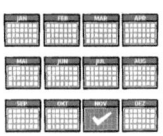

novembre

noýabr

décembre

dekabr

les formes

görnüşler

le cercle

tegelek

le carré

kwadrat

le rectangle

göniburçluk

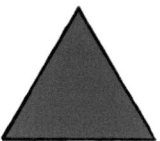

le triangle

üçburçluk

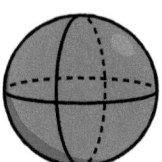

la sphère

şar

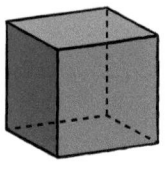

le cube

kub

blanc

ak

jaune

sary

orange

mämişi

rose

gülgüne

rouge

gyzyl

violet

liliýa reňkli

bleu

gök

vert

ýaşyl

marron

goňur

gris

çal

noir

gara

beaucoup / peu

köp / az

fâché / calme

gazaply / asuda

joli / laid

owadan / betnyşan

le début / la fin

başy / soňy

grand / petit

uly / kiçi

clair / obscure

açyk / garaňky

frère / soeur

oglan dogan / gyz dogan

propre / sale

arassa / hapa

complet / incomplet

doly / doly däl

le jour / la nuit

gündiz / gije

mort / vivant

jansyz / diri

large / étroit

giň / dar

comestible / incomestible

iýilýän / iýilmeýän

méchant / gentil

gaharly / dostlukly

excité / ennuyé

tolgunly / tukat

gros / mince

çişik / hor

le premier / le dernier

başda / soňunda

l'ami / l'ennemi

dost / duşman

plein / vide

doly / boş

dur / souple

berk / ýumşak

lourd / léger

agyr / ýeňil

faim / soif

açlyk / teşnelik

malade / sain

näsag / sagdyn

illégal / légal

bikanun / kanuny

intelligent / stupide

akyly / akmak

gauche / droite

çepde / sagda

proche / loin

ýakyn / daş

nouveau / usé

täze / ulanylan

rien / quelque chose

hiç zat / bir zat

vieux / jeune

garry / ýaş

marche / arrêt

ýakylan / söndürilen

ouvert / fermé

açyk / ýapyk

faible / fort

ýuwaş / gaty

riche / pauvre

baý / garyp

correct / incorrect

dogry / nädogry

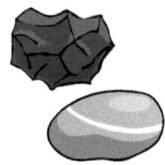

rugueux / lisse

büdür-südür / tekiz

triste / heureux

gamgyly / şatlykly

court / long

gysga / uzyn

lent / rapide

haýal / tiz

mouillé / sec

öl / gury

chaud / froid

ýyly / sowuk

la guerre / la paix

uruş / parahatçylyk

les oppositions - garşylykly

sanlar

0	**1**	**2**
zéro	un / une	deux
nul	bir	iki

3	**4**	**5**
trois	quatre	cinq
üç	dört	bäş

6	**7**	**8**
six	sept	huit
alty	ýedi	sekiz

9	**10**	**11**
neuf	dix	onze
dokuz	on	on bir

12

douze

on iki

13

treize

on üç

14

quatorze

on dört

15

quinze

on bäş

16

seize

on alty

17

dix-sept

on ýedi

18

dix-huit

on sekiz

19

dix-neuf

on dokuz

20

vingt

ýigrimi

100

cent

ýüz

1.000

mille

müň

1.000.000

le million

million

les nombres - sanlar

l'anglais

iñlis

l'anglais américain

amerikan iñlis

le chinois mandarin

mandarin hytaý

le hindi

hindi

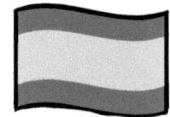

l'espagnol

ispan

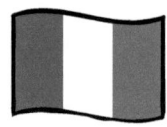

le français

fransuz

l'arabe

arap

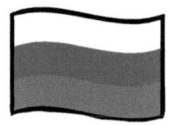

le russe

rus

le portugais

portugal

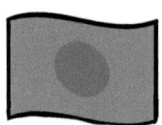

le bengali

bengal

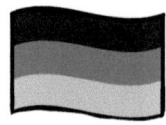

l'allemand

nemes

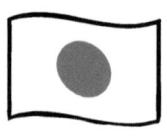

le japonais

ýapon

je

men

tu

sen

il / elle / ce, c', cela

ol (oglan) / ol (gyz) / ol (jansyz zat)

nous

biz

vous

siz

ils / elles

olar

Qui ?

kim?

Quoi ?

näme?

Comment ?

nähili?

Où ?

nirede?

Quand ?

haçan?

le nom

ady

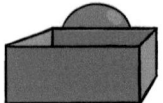

derrière

yzynda

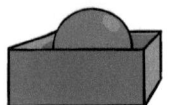

dans

içinde

devant

öňünde

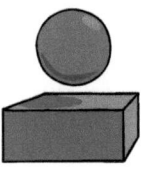

au-dessus

bir zadyň üsti

sur

üstünde

en-dessous

aşagynda

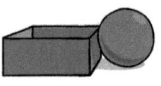

à côté de

ýanynda

entre

arasynda

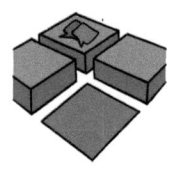

le lieu

ýer